JOGOS DE EXPRESSÃO CORPORAL

Dados Internacionais de Catalogação na Publicação (CIP)
(Câmara Brasileira do Livro, SP, Brasil)

Ros, Jordina
    Jogos de expressão corporal : atividades para a
Educação Infantil / Jordina Ros ; [ilustrações]
Sonia Alins. – Petrópolis, RJ : Vozes, 2018.

    1ª reimpressão, 2021.

    ISBN 978-85-326-5821-0

    1. Atividades criativas 2. Educação – Finalidades
e objetivos 3. Educação Infantil 4. Expressão
corporal 5. Jogos educativos I. Alins, Sonia.
II. Título.

18-17216   CDD-371.337

Índices para catálogo sistemático:
1. Jogos e atividades : Educação Infantil   371.337

Maria Alice Ferreira – Bibliotecária – CRB-8/7964

Jordina Ros
Sonia Alins

JOGOS DE EXPRESSÃO CORPORAL

Atividades para a Educação Infantil

EDITORA VOZES

Petrópolis

© Parramón Paidotribo S.A.
Direitos exclusivos de edição para todo o mundo.
Publicado por Parramón Paidotribo, S.L., – Espanha

Tradução realizada a partir do original em espanhol intitulado *Juegos de expresión corporal*
Textos: Jordina Ros
Ilustrações: Sonia Alins
Adaptação do texto ao português brasileiro: Editora Vozes Ltda.

Direitos de publicação em língua portuguesa – Brasil:
2018, Editora Vozes Ltda.
Rua Frei Luís, 100
25689-900 Petrópolis, RJ
www.vozes.com.br
Brasil

CONSELHO EDITORIAL

Diretor
Gilberto Gonçalves Garcia

Editores
Aline dos Santos Carneiro
Edrian Josué Pasini
Marilac Loraine Oleniki
Welder Lancieri Marchini

Conselheiros
Francisco Morás
Ludovico Garmus
Teobaldo Heidemann
Volney J. Berkenbrock

Secretário executivo
Leonardo A.R.T. dos Santos

Editoração: Ana Lucia Q.M. Carvalho
Diagramação: Victor Mauricio Bello
Revisão gráfica: Nilton Braz da Rocha
Capa: Baseada no projeto gráfico da capa original espanhola da Marina Editores
Arte-finalização: Estúdio 483

ISBN 978-85-326-5821-0 (Brasil)
ISBN 972-84342-2369-1 (Espanha)

Editado conforme o novo acordo ortográfico.

Este livro foi composto e impresso pela Editora Vozes Ltda.

Sumário

Introdução

Jogar e aprender, descobrir e conhecer, tomar consciência do próprio corpo são peças básicas para a formação pessoal da criança entre os 3 e os 6 anos. Os pedagogos concordam que a melhor maneira de conseguir esses objetivos é jogar. O jogo satisfaz a necessidade de expressão e de reação espontânea da criança, além de lhe permitir conhecer um sem-número de novos conceitos.

A percepção e a educação da expressão corporal

A partir do momento em que a criança descobre o seu esquema corporal e as suas possibilidades é importante que aprenda a utilizar o corpo para comunicar, expressar sentimentos, dramatizar situações etc.

Os principais objetivos da expressão corporal são dar forma ao que se compreende e ao que se sente, mostrá-lo e saber comunicar tanto individual como coletivamente.

Estes jogos que trabalham a expressão corporal estão pensados para que a criança dos 3 aos 6 anos de idade descubra as habilidades expressivas que o seu corpo lhe proporciona. O desenvolvimento da comunicação através do movimento corporal, a mímica e o gesto fomentam o crescimento mental e motor da criança e ensinam-na a relacionar-se com os outros e com o espaço envolvente.

A expressão corporal e o jogo

A palavra *expressão* significa "desejo de se manifestar de alguma maneira para dizer o que se pensa, o que se sente ou o que se quer", e este ato de comunicação pode ser concretizado por intermédio do corpo. A expressão corporal e o jogo são meios muito unidos entre si, visto que a criança comunica brincando, ao mesmo tempo em que se diverte dramatizando determinadas situações.

A criança dos 3 aos 6 anos expressa-se com o jogo e é através dele que começa a afirmar as suas atitudes, as suas capacidades motrizes e os seus pequenos estados de socialização. O jogo constitui um caminho para a formação da personalidade e para a evolução da imagem do corpo. É muito importante que a criança faça uma expressão gestual natural, de maneira a que, com o desenvolvimento motor e afetivo, vá adquirindo segurança e confiança em si mesma.

O educador e a expressão corporal

O educador é a pessoa a quem se confia uma série de responsabilidades para poder controlar a evolução de um processo educativo determinado, nomeadamente os jogos de expressão corporal.

Nesses jogos, a figura do educador é fundamental para organizar, centrar, conduzir e, sobretudo, transmitir motivação e ilusão. No entanto, como se disse antes, é necessário que na área da expressão a criança adquira aptidões livres e naturais. O apoio do educador é importante, mas este nunca deve exercer pressão na criança para que ela alcance os objetivos do jogo; deve sim orientá-la para que encontre os seus próprios recursos e, desta forma, possa trabalhar ao máximo as suas possibilidades expressivas.

O educador deve expor claramente o objetivo e a mecânica do jogo para facilitar a compreensão por parte da criança, ainda que exista sempre a possibilidade de que o objetivo do jogo seja modificado. A partir da proposta do educador, as crianças podem criar a sua própria história, como, por exemplo, tornarem-se elefantes quando o educador pede que simulem os passos de um gigante. A espontaneidade é essencial para aproveitar ao máximo esses jogos de expressão corporal, pelo que o educador deve saber acatar as sugestões das crianças e transformá-las numa nova proposta.

Os jogos de expressão corporal e a escola

Durante a Educação Infantil, a escola pretende desenvolver as capacidades das crianças e potenciar as suas aptidões e disposição. Na área da comunicação e da representação, introduz-se a criança no mundo da expressão por meio de jogos, experiências e atividades. O jogo ajuda-a a desenvolver a imaginação e a expressar-se mediante possibilidades simbólicas para evoluir na aprendizagem mental, motora e comunicativa.

Relativamente às outras áreas da Educação Infantil, a área de identidade e autonomia pessoal e a área do meio físico e social, os jogos de expressão corporal ajudam também a atingir os seus objetivos didáticos, visto que em todas elas é importante a comunicação e a expressão.

Este livro facilita a tarefa do educador, visto que propõe todo tipo de jogos simbólicos e dramáticos para trabalhar a expressão corporal e a desinibição da criança mediante a recriação de situações cotidianas e reais.

Jogos de movimento corporal

Entre os 3 e os 6 anos de idade, as crianças vivem o seu corpo de uma forma muito intensa, visto que estão em pleno processo de crescimento físico e psíquico.

Estes jogos de movimento corporal pretendem ensinar a dominar o corpo enquanto meio de comunicação e a aprofundar a capacidade de autocontrole e de organização dos seus impulsos e movimentos.

Ao se mover, a criança experimenta, conhece e joga com o seu corpo; potencializa as suas possibilidades expressivas, a passagem do gesto espontâneo ao controlado, e desenvolve a observação do que a rodeia e dos seus semelhantes para poder perceber diferentes posturas e movimentos. Ela pode até mesmo encontrar alguma comodidade nos seus movimentos e organizar no espaço as ações que realiza.

1 Marionetes aprendizes

Número de participantes: *Ilimitado.*

Material necessário: *Uma marionete com fios.*

Espaço: *Amplo.*

Objetivos didáticos: *Reconhecer as partes do corpo de maneira ativa.*

○ Os participantes se espalham pelo espaço de jogo.

○ O educador tira a marionete de uma caixa, coloca-a na posição vertical e começa a tirar os fios.

○ As crianças estão muito atentas aos movimentos do boneco: primeiro move a cabeça, depois um braço, em seguida o outro, agora uma mão, a outra, um pé, o outro...

○ À medida que o educador vai mexendo as diferentes partes do corpo da marionete, as crianças a imitam e assim percorrem todas as partes do corpo.

Que não fique nenhuma parte sem ser mexida!

Número de participantes: *Formam-se pares.*

Material necessário: *Um lenço por par para tapar os olhos.*

Espaço: *Amplo.*

Objetivos didáticos: *Trabalhar o reconhecimento das partes do corpo e desenvolver o sentido do tato.*

- As crianças se distribuem em pares e se espalham pelo espaço de jogo.

- Ao comando do educador, um elemento de cada par passa a mão suavemente pelo corpo do companheiro, desde a cabeça até os pés.

- Em seguida, o outro realiza a mesma ação.

- Depois, o educador venda com um lenço os olhos de um elemento de cada par.

Agora sem ver nada!

- Repetem-se as mesmas ações, mas com os olhos vendados.

3 Saudação internacional

Número de participantes: *Formam-se pares.*

Espaço: *Amplo.*

Objetivos didáticos: *Criar ou expressar sentimentos e emoções a partir do movimento corporal.*

○ Os participantes se sentam em semicírculo num extremo do espaço de jogo.

○ O educador se posiciona na frente das crianças e lhes dá a mão, uma a uma, como se as estivesse cumprimentando.

○ Depois, explica as diferentes saudações que são específicas de alguns países: os japoneses dobram o corpo para frente; os índios americanos levantam a palma da mão; os russos abraçam-se e beijam-se efusivamente; no Alasca, os habitantes esfregam as pontas dos narizes umas nas outras...

○ Então, formam-se pares e se dispersam pela área de jogo.

○ Ao comando do educador, começam a se saudar de acordo com a nacionalidade anunciada.

Somos índios americanos!

Agora estamos na Rússia!

○ Para finalizar, cada par deve inventar duas formas distintas de saudação.

Mãos expressivas

Número de participantes: *Ilimitado.*

Material necessário: *Desenhos de diferentes objetos.*

Espaço: *Amplo.*

Objetivos didáticos: *Desenvolver o movimento de uma parte do corpo e procurar capacidade expressiva.*

- Os participantes sentam-se e formam um semicírculo num extremo do espaço de jogo.

- O educador tem em cima da mesa desenhos de diferentes objetos: uma tesoura, uma bola, uma escada, um lápis, um copo, uma flauta etc.

- O responsável mostra um desenho ao acaso.

- As crianças devem tentar representar o objeto com as mãos e, em seguida, reproduzir o seu movimento.

Só com as mãos!

- Acaba o jogo quando todos os desenhos tenham sido representados.

5 Autorretrato

Número de participantes: *Ilimitado.*

Material necessário: *Tinta de dedos, uma folha branca por participante e toalhinhas para se limparem.*

Espaço: *Sala com mesas e cadeiras.*

Objetivos didáticos: *Reconhecer as distintas partes do rosto e trabalhar a capacidade e a iniciativa a partir do movimento e do tato.*

○ Cada criança está sentada na sua mesa e tem sobre esta uma folha de papel branca, um pote de tinta de dedos e uma toalhinha úmida para se limpar.

○ Todos observam o educador para poderem depois imitá-lo.

○ Muito lentamente, este passa o dedo pelo contorno do rosto e das suas diferentes partes: os lábios, o nariz, os olhos, as sobrancelhas, a cara, as orelhas etc.

○ Em seguida, cada criança desliza o seu dedo pela zona que o educador assinala: depois molha o dedo na tinta e desenha na folha de papel a parte indicada.

Devem fixar bem todas as partes!

○ Limpa-se o dedo, passa-se para outro traço da cara e molha-se novamente na tinta para reproduzir no papel a parte percorrida. E assim sucessivamente, até completar o desenho do seu rosto.

Número de participantes: *Ilimitado.*

Espaço: *Amplo.*

Objetivos didáticos: *Trabalhar o movimento facial e as suas distintas expressões.*

○ Todas as crianças se posicionam em semicírculo.

○ O educador dita uma série de ações que as crianças devem realizar rapidamente: abrir e fechar a boca; abrir e fechar os olhos; piscar o olho; colocar a língua para fora e depois para dentro e tocar o céu da boca com ela etc.

○ Em seguida, as crianças se posicionam uma a uma diante dos outros companheiros e tentam inventar um par de caretas diferentes.

Que as caretas sejam bem diferentes!

7. Baile de máscaras

Número de participantes: *Ilimitado.*

Material necessário: *Cartão, fita, lápis de cor e música.*

Espaço: *Amplo.*

Objetivos didáticos: *Reconhecer o rosto e procurar o seu movimento em relação ao resto do corpo.*

○ O educador ajuda os participantes a construírem uma máscara de face inteira para cada um.

○ Em seguida, cada criança coloca a sua máscara e se dispersa pela área de jogo.

○ Quando o responsável põe a música, todos dançam espalhados pelo espaço.

Dançar... dançar... com a máscara posta!

○ Quando acaba a música, as crianças param de dançar, tiram as máscaras e trocam-nas com as dos companheiros mais próximos.

16

O bochechudo

Número de participantes: *Ilimitado.*

Espaço: *Amplo.*

Objetivos didáticos: *Tomar consciência de uma parte do rosto e reconhecer o seu movimento.*

- Os participantes se sentam em semicírculo num extremo do espaço de jogo.

- O educador se posiciona diante deles e lhes mostra como as bochechas ficam quando se enche a boca de ar.

- A um comando determinado, as crianças enchem a boca de ar, de maneira que as bochechas aumentem de volume.

Inchar, desinchar!

- Finalmente, apertam com os dedos as bochechas e expulsam o ar da boca.

A pena

Número de participantes: *Formam-se pares.*

Material necessário: *Uma pena de ave por par.*

Espaço: *Amplo.*

Objetivos didáticos: *Reconhecer as partes dos pés e as zonas mais sensíveis.*

- As crianças se agrupam aos pares e o educador entrega uma pena a cada um.

- Os pares se dispersam pelo espaço de jogo e sentam-se no chão: uma criança de frente para a outra.

- Ao comando do responsável, tiram os sapatos e as meias e colocam-nos de lado.

- Em seguida, a criança que tem a pena faz cócegas na planta dos pés da outra.

Quem sente mais cócegas?

- Trocam-se os papéis. Finalmente, tentam mexer os dedos dos pés: primeiro lentamente e em seguida mais depressa.

10 Morde a maçã

Número de participantes: *Formam-se pares.*

Material necessário: *Corda e uma maçã grande por par.*

Espaço: *Amplo e/ou aberto.*

Objetivos didáticos: *Tomar consciência de uma parte do rosto e reconhecer o seu movimento.*

- O educador pendura as maçãs numa corda, calculando que fiquem mais ou menos à altura da boca das crianças.

- Formam-se os pares e cada um se dirige a uma das maçãs penduradas.

- Ao comando acordado, as crianças põem as mãos nas costas, entrelaçadas.

- A uma nova indicação, cada par se dispõe a comer a maçã aos bocados: uma criança de cada lado e sem utilizar as mãos.

Não se podem usar as mãos para nada!

- Ganha o par que primeiro acabe de comer a maçã.

Número de participantes: *Ilimitado.*

Espaço: *Amplo.*

Objetivos didáticos: *Conscientizar a criança do esquema corporal e do seu ritmo respiratório.*

○ As crianças se dispersam pelo espaço de jogo.

○ Ao comando do educador, estendem-se no chão de barriga para cima.

○ Em seguida, inspiram e, lentamente, expulsam o ar, ao mesmo tempo em que se levantam até ficarem sentados.

Têm de seguir o ritmo da respiração!

○ Voltam a inspirar nesta posição e expulsam novamente o ar, enquanto se levantam pausadamente até ficarem nas pontas dos pés.

○ O jogo se repete várias vezes.

12. Rotação espacial

Número de participantes: *Ilimitado.*

Material necessário: *Música suave.*

Espaço: *Amplo.*

Objetivos didáticos: *Trabalhar as articulações e melhorar a elasticidade.*

- As crianças se distribuem livremente pelo espaço de jogo.

- O educador põe música suave e as crianças a escutam com atenção.

- Em seguida, o educador vai dando uma série de ordens: girar suavemente o pescoço da direita para a esquerda; deixar cair a cabeça para frente e depois para trás; agora para um lado, e depois para o outro; fazer com a cabeça um movimento rotatório num sentido e depois no outro...

- Em seguida, pode continuar o movimento circular com os pulsos, de uma direção a outra, mantendo as mãos fechadas.

  Agora com as mãos!
  Em seguida com os pés!

- Para acabar, sentam-se no chão e fazem estes movimentos com os pés: primeiro para um lado e em seguida para o outro.

O gato vaidoso

Número de participantes: *Ilimitado.*

Espaço: *Amplo.*

Objetivos didáticos: *Trabalhar o movimento da coluna vertebral para tomar consciência das suas caraterísticas.*

- Os participantes se dispersam pelo espaço de jogo.

- À indicação do educador, põem-se de gatinho fingindo que são gatos.

- As crianças miam e engatinham lentamente por toda a área.

- A um novo comando, param e, prestando muita atenção às indicações do responsável, curvam as costas, tombando a cabeça para baixo e encolhendo a barriga para dentro; em seguida, esticam-na para trás e para frente, como os gatinhos.

- Em seguida, engatinham novamente e fingem que caçam um rato.

Os gatinhos vão à caça e caçam um rato!

- Finaliza o jogo repetindo a operação de alongamento da coluna.

Ai, acho que vou desmaiar!

Número de participantes: *Ilimitado.*

Espaço: *Amplo.*

Objetivos didáticos: *Integrar o corpo de uma forma global a partir do movimento e trabalhar a expansão.*

○ As crianças caminham pelo espaço de jogo, tentando não chocar umas com as outras.

○ Ao comando do responsável, os participantes ficam imóveis.

○ Então, o educador passeia entre eles e acaba por tocar num. Este cai, pouco a pouco, e fica deitado no chão.

Não se mexa do chão!

○ O jogo acaba quando todas as crianças estiverem caídas no chão.

Número de participantes: *Ilimitado.*

Espaço: *Amplo e/ou aberto.*

Objetivos didáticos: *Trabalhar o controle do corpo a partir da atenção e da tensão.*

○ As crianças se posicionam formando uma grande fila, umas ao lado das outras, num extremo da área de jogo.

○ O educador indica a um participante que saia da fila e comece a andar para o outro extremo do espaço, virando assim as costas aos participantes restantes.

É verdade que não conseguem ver o seu rosto?

○ Ao comando acordado, as crianças gritam o nome do seu companheiro.

○ Este tem de se virar rapidamente e cumprimentar os outros com a mão.

○ Todos os participantes, um a um, devem realizar os mesmos movimentos e ações.

Salto de obstáculos

Número de participantes: *Ilimitado.*

Material necessário: *Seis bancos e uma máscara de cavalo para cada participante.*

Espaço: *Amplo.*

Objetivos didáticos: *Trabalhar a coordenação dinâmica a partir do movimento.*

○ O educador entrega a cada criança uma máscara que represente o rosto de um cavalo e explica a elas como anda este animal (a passo, a trote e a galope).

○ Cada participante, com a sua máscara, posiciona-se de maneira a formar uma fila, um atrás do outro, num extremo do espaço de jogo.

○ O educador coloca os seis bancos dispersos pela área de atividade, como se fossem obstáculos num hipódromo.

○ Ao comando determinado, as crianças, uma a uma, começam a andar imitando um cavalo: primeiro a passo, depois a trote, ao mesmo tempo em que saltam por cima dos bancos que vão encontrando.

Cuidado com os obstáculos!

○ Quando tiverem saltado todos os obstáculos, regressam ao ponto de partida imitando o galope de um cavalo.

Número de participantes: *Formam-se pares.*

Material necessário: *Duas bolas médias.*

Espaço: *Amplo.*

Objetivos didáticos: *Trabalhar o movimento corporal em relação à movimentação de um objeto.*

○ Formam-se os pares e os elementos de um deles se posicionam num extremo da área de jogo; os outros pares esperam a sua vez sentados no chão.

○ O educador entrega uma bola a cada uma das crianças do par que vai iniciar o jogo.

○ Ambos se deitam no chão de barriga para baixo, com as pernas juntas e a bola por cima deles; em seguida, mexem-se imitando o movimento de uma serpente e têm de conseguir transportar a bola até ao outro extremo do espaço.

Somos serpentes e nos arrastamos pelo chão!

○ Em seguida, devem regressar ao ponto de partida se arrastando, sentados, com as pernas dobradas e a bola na barriga, mas movimentando-se para trás, como um caranguejo.

Somos caranguejos e andamos para trás!

18 Sala de baile

Número de participantes: *Ilimitado.*

Material necessário: *Música, balões, fitas de papel colorido, lenços grandes e três caixas de cartão.*

Espaço: *Amplo.*

Objetivos didáticos: *Representar uma determinada situação, com diversos elementos, para trabalhar o movimento corporal livremente.*

○ O educador e os participantes decoram o espaço de jogo pendurando alguns balões e fitas coloridas para que pareça uma sala de festas.

○ Num extremo da área, o responsável coloca as três caixas de cartão: numa põe os balões, na outra as fitas coloridas e na última os lenços.

○ Em seguida, põe música e as crianças dispersam-se livremente pela zona.

○ Numa determinada altura, recebem a ordem de dançar com um objeto das três caixas. As crianças se dirigem à caixa correspondente, pegam um dos objetos do seu interior e se movem com ele ao ritmo da música.

A dançar com os balões!

○ Em seguida, a indicação é repetida para que as crianças dancem com os outros objetos: as fitas coloridas ou os lenços.

Número de participantes: *Ilimitado.*

Material necessário: *Folhas de ppel de diferentes cores.*

Espaço: *Amplo.*

Objetivos didáticos: *Desenvolver a independência de cada parte do corpo: o braço e a mão.*

○ Com a ajuda do educador, as crianças fazem um leque utilizando folhas de papel de diferentes cores.

○ Assim que acabarem, certificam-se de que funcionam: cada um se abana, primeiro com uma mão e depois com a outra.

Que calor! Vamos todos abanar!

○ Ao comando determinado, os participantes caminham pelo espaço com o leque na mão e, a uma nova indicação, param e abanam quem está mais perto de si.

20 A fada

Número de participantes: *Ilimitado.*

Material necessário: *Um graveto e um chapéu de fada, feito de cartolina.*

Espaço: *Amplo.*

Objetivos didáticos: *Interiorizar a imagem do corpo por meio do movimento das suas partes.*

- As crianças se posicionam todas no centro do espaço de jogo formando um círculo.

- O educador entrega a cada um dos participantes o graveto, que fará de varinha mágica, e o chapéu de fada que foi feito com cartolina.

O Pedro será a nossa fada mágica!

- A criança que representa a fada deve percorrer o círculo e tocar numa parte do corpo de cada companheiro com a varinha mágica.

- Ao ser tocada, cada criança move a parte "encantada" (tocada) e muda de posição.

- Acaba o jogo quando todos os participantes tiverem desempenhado o papel de fada.

Número de participantes: *Ilimitado.*

Material necessário: *Dez fotografias de animais.*

Espaço: *Amplo.*

Objetivos didáticos: *Desenvolver o movimento corporal a partir da imitação e da atenção.*

○ Os participantes se sentam em semicírculo num extremo do espaço de jogo.

○ O responsável numera as fotografias, que estão viradas para baixo para que não se veja a imagem.

○ Uma criança diz um número de 1 a 10; o educador pega na fotografia marcada com o referido número e a mostra para a criança.

Que animal é?

○ As crianças devem estar todas muito atentas, porque o educador, sem falar e só com um gesto, aponta para uma delas.

○ A que foi apontada deve se levantar imediatamente e imitar o movimento corporal do animal da imagem.

○ Este jogo chega ao fim quando todas as crianças tiverem imitado o animal da fotografia que lhe foi destinado.

O pequeno tonel

Número de participantes: *Ilimitado.*

Material necessário: *Duas almofadinhas por participante, um pandeiro e música.*

Espaço: *Amplo.*

Objetivos didáticos: *Trabalhar a coordenação no movimento e a rotação corporal.*

- O educador distribui duas almofadinhas a cada criança.

- As crianças colocam uma delas nas costas, debaixo da camisa, e a outra na barriga, dentro das calças. Para fazer isso, devem se ajudar umas às outras.

- O responsável põe música e todas as crianças levantam os braços e dançam dando voltas sobre si mesmas.

Atenção, têm de mudar de direção, para não se sentirem maldispostos!

- Quando a música deixa de tocar, os participantes ficam imóveis, mas sem baixar os braços.

- Se ouvem o educador dar uma batida no pandeiro, têm de se aproximar do companheiro mais próximo e fazer chocar as suas barrigas.

- Mas se o educador dá duas batidas no pandeiro, têm de chocar de costas.

A dança do ar

Número de participantes: *Ilimitado.*

Material necessário: *Um pandeiro.*

Espaço: *Amplo.*

Objetivos didáticos: *Integrar o movimento corporal e a respiração compassada.*

○ O educador toca o pandeiro com ritmo lento e as crianças marcam este ritmo com a respiração.

Uma batida, inspirar; outra batida, expirar!

○ Quando o responsável der ordem, as crianças devem levantar os braços ao inspirarem, mas sem soltar as mãos, e baixá-los ao expirarem.

○ Todas as crianças formam um círculo, de mãos dadas.

Que lindo é o Havaí!

24

Número de participantes: *Formam-se pares.*

Material necessário: *Papéis coloridos, fio para fazer colares e música tipo havaiana.*

Espaço: *Amplo.*

Objetivos didáticos: *Descobrir o movimento das ancas e do ventre.*

○ Com a ajuda do educador, as crianças fazem um grande colar para cada uma, colocando, num fio próprio para o efeito, pedacinhos de papéis coloridos.

○ Em seguida, formam pares, dispersando-se pelo espaço do jogo, com os colares postos.

○ O responsável põe a música; os pares dão as mãos e dançam movimentando as ancas e o ventre.

Têm de mover as ancas e o ventre para frente e para trás e de um lado para o outro!

○ Ao comando determinado, as crianças devem mudar de par.

Círculos imaginários

Número de participantes: *Ilimitado.*

Material necessário: *Um quadro e giz colorido.*

Espaço: *Amplo.*

Objetivos didáticos: *Trabalhar o movimento dinâmico do corpo a partir da expressão plástica.*

○ Os participantes se dispersam pelo espaço de jogo e ficam imóveis, atentos às ações do educador.

○ Este, com um giz, desenha no quadro um círculo de um determinado tamanho.

○ As crianças fixam bem a forma e o tamanho da figura e, em seguida, fazem, com o dedo, um círculo imaginário no ar.

Vamos desenhar círculos de diversos tamanhos!

○ Em seguida, o educador distribui um giz a cada um para que pintem no chão todos os círculos que ele desenhou previamente no quadro.

Número de participantes: *Ilimitado.*

Material necessário: *Música, uma batuta e uma peruca engraçada.*

Espaço: *Amplo.*

Objetivos didáticos: *Trabalhar o movimento dinâmico do corpo.*

○ As crianças se dispõem formando um círculo, sentadas no chão do espaço de jogo.

○ Uma delas se levanta e fica no centro. O educador entrega-lhe a peruca e a batuta.

○ Em seguida, põe música e a criança coloca a peruca na cabeça e agarra a batuta para começar a dirigir a orquestra, formada pelos companheiros.

○ Estes vão movendo o corpo de acordo com o ritmo da música e dos movimentos da batuta da criança-maestro.

Muita atenção ao ritmo!

○ No instante em que a música acaba, todos ficam imóveis e o maestro rapidamente assinala com a batuta um companheiro do círculo.

○ A criança escolhida levanta-se e torna-se o novo maestro.

○ O jogo chega ao fim quando todos tiverem representado o papel de maestro.

De costas para o círculo!

Número de participantes: *Ilimitado.*

Espaço: *Amplo.*

Objetivos didáticos: *Trabalhar o movimento corporal a partir do movimento, da organização e da coordenação.*

- Os participantes se posicionam em círculo, de mãos dadas.

- Quando o educador ordenar, separam-se e começam a correr pela área de jogo, evitando chocar uns com os outros.

Formar novamente um círculo!

- As crianças formam novamente o círculo e tentam se posicionar no mesmo lugar que ocupavam antes e ao lado dos mesmos companheiros.

- Dada outra ordem, voltam a desfazê-lo e correm pelo espaço de jogo.

- Quando o educador fizer novo sinal, formam outro círculo, mas agora posicionam-se de costas para o círculo.

Número de participantes: *Ilimitado.*

Material necessário: *Uma corda comprida.*

Espaço: *Amplo e/ou aberto.*

Objetivos didáticos: *Trabalhar a coordenação do equilíbrio e do salto com o movimento dinâmico do corpo.*

○ O educador entrega a corda a dois dos participantes, que a agarram pelos extremos e a balançam de um lado para o outro.

○ Os outros formam uma fila, uns atrás dos outros e, por turnos, vão saltando a corda.

○ Assim que saltarem todos, outros companheiros substituem os que estiveram balançando a corda para que estes possam também saltar.

○ As séries seguintes de saltos são feitas com os braços levantados, depois de cócoras, e depois só com uma perna...

Saltar com os braços levantados!

○ O educador, juntamente com as crianças, inventa diferentes posições corporais para continuarem a saltar.

Quem ganhará?

Número de participantes: *Formam-se pares.*

Material necessário: *Uma bola.*

Espaço: *Amplo e/ou aberto.*

Objetivos didáticos: *Trabalhar o movimento corporal a partir do movimento de um objeto.*

- Formam-se pares e se sentam no chão, num extremo da área de jogo.

- Um deles se levanta, e o educador entrega a bola a um dos seus membros.

- Este que recebeu a lança, fazendo-a rolar pelo solo até o extremo oposto àquele onde se encontra.

- Ao mesmo tempo, a outra criança deve começar a correr, seguindo o mesmo percurso da bola, até ao outro extremo.

Tem de seguir a bola!

- Acaba o jogo quando todos os participantes fizerem o mesmo exercício.

Número de participantes: *Ilimitado.*

Material necessário: *Uma caixa de sapatos vazia.*

Espaço: *Amplo e/ou aberto.*

Objetivos didáticos: *Trabalhar o movimento corporal a partir do movimento com a manipulação de um objeto.*

○ Os participantes se dispersam pelo espaço do jogo e adotam diferentes posturas corporais, segundo a indicação que lhes for dada pelo educador.

João, sente-se no chão! Maria, fique de gatinho!

Pedro, fique de pé e com os braços levantados!

○ O responsável ajuda as crianças a se posicionarem nas diferentes posturas.

○ Em seguida, entrega a caixa vazia a uma delas, esta a passa a outra, essa a uma terceira e assim sucessivamente, sem perder a posição corporal e mantendo cada uma o mesmo local que ocupava no início.

○ Quando todas as crianças tiverem a caixa nas mãos, o jogo recomeça, mas deverão mudar de posição.

Força, pés!

Número de participantes: *Ilimitado.*

Material necessário: *Lápis, pedaços de roupa e bolinhas.*

Espaço: *Amplo.*

Objetivos didáticos: *Trabalhar a mobilidade de uma parte do corpo específica, o pensamento e a habilidade.*

○ Todos os participantes se sentam descalços em semicírculo.

○ O educador também se descalça e se senta diante deles, mostrando-lhes como se movem os dedos dos pés.

○ Em seguida, distribui a cada um deles um lápis, uma bolinha e um pedaço de tecido.

○ As crianças têm de conseguir agarrar os objetos com os dedos dos pés.

Os dedos das mãos não podem ajudar!

○ O jogo acaba quando a maioria das crianças tiver conseguido agarrar todos os objetos.

Número de participantes: *Formam-se pares.*

Material necessário: *Um apito.*

Espaço: *Amplo.*

Objetivos didáticos: *Trabalhar a rotação e o movimento do corpo.*

○ As crianças formam pares e se sentam livremente num extremo do espaço de jogo.

○ O educador se posiciona no outro extremo do espaço com o apito.

○ A uns 8 a 10 metros à frente deste, traça-se uma linha reta.

○ O primeiro par se deita por cima da linha de saída, um ao lado do outro.

Não vale mexer até soar o apito!

○ Ao ouvir o apito, as duas crianças devem rolar pelo chão até chegar onde está o educador.

○ Ganha o que chegar primeiro ao outro extremo.

○ O jogo acaba quando tiverem participado todos os pares.

33 Um grande presente

Número de participantes: *Formam-se pares.*

Material necessário: *Papel de embrulho e fitas coloridas.*

Espaço: *Amplo.*

Objetivos didáticos: *Trabalhar o movimento corporal com a imaginação e a integração de diferentes materiais.*

○ As crianças formam pares e se dispersam pelo espaço de jogo.

○ O educador distribui o papel de embrulho e as fitas coloridas.

○ A um comando, uma criança de cada par cobre o companheiro com o papel e enfeita-o com a fita como se fosse um presente.

Deve ficar bem embrulhado!

○ Em seguida, o outro elemento faz a mesma operação com o companheiro.

○ Para acabar o jogo, todas as crianças presentes passeiam pelo espaço como se estivessem num desfile de moda.

Número de participantes: *Ilimitado.*

Espaço: *Amplo.*

Objetivos didáticos: *Trabalhar a coordenação das partes corporais a partir do movimento.*

- Os participantes se encontram dispersos pelo espaço de jogo.

- Ao comando do educador, formam rapidamente uma fileira, uns ao lado dos outros, e dão as mãos.

- Quando o educador disser "O maremoto", as crianças começam a imitar o movimento das ondas do mar, sem largarem as mãos.

- As crianças têm de mexer os braços, agachar-se, levantar-se etc.

Rápido, mais rápido!

- A criança que soltar a mão é eliminada.

- Acaba o jogo quando só restarem duas crianças.

35 Socorro!

Número de participantes: *Ilimitado.*

Espaço: *Amplo.*

Objetivos didáticos: *Trabalhar o reflexo e a queda no movimento corporal.*

○ Os participantes formam uma fila, uns ao lado dos outros.

○ O educador passeia à frente deles; quando achar conveniente, aproxima-se de uma criança, toca-lhe e esta finge que desmaia, deixando-se cair no chão.

○ Assim continua a ação até não restar nenhuma criança por tocar e estas se encontrarem todas caídas no chão. Então, levantam-se lentamente e caminham pelo espaço de jogo.

○ O educador também caminha com elas, e quando volta a tocar em alguma, esta torna a "desmaiar".

Correndo, para a ajudar!

○ As crianças restantes devem tentar agarrá-la antes que esta chegue ao chão.

Jogos de mímica e gesto

A imaginação, a imitação e a recriação de gestos cotidianos estabelecem uma relação inseparável entre a criança e o jogo.

Os jogos de mímica e de gesto permitem trabalhar a capacidade de representação de vivências, de sensações, de experiências e de sentimentos, assim como outras aptidões como a identificação, a criatividade, a memória, a observação ou o conhecimento do corpo e do espaço.

De igual modo, desenvolvem a expressão através do gesto, da interpretação de mensagens gesticulares (mímica), da imitação das ações cotidianas ou imaginadas, da compreensão e da manifestação de mensagens corporais e da dramatização.

Tudo isso favorece a definição da própria identidade da criança, tanto em nível individual como social.

Número de participantes: *Ilimitado.*

Material necessário: *Uma cesta com confetes e música suave.*

Espaço: *Amplo.*

Objetivos didáticos: *Passar de um estado relaxado ao movimento e desenvolver a capacidade imaginativa.*

○ Os participantes se dispersam pelo espaço de jogo.

○ Um deles finge que é jardineiro e leva uma cesta com sementes (confetes).

○ Os restantes se abaixam e escondem a cabeça entre as pernas.

○ A criança-jardineiro passa entre as outras e espalha pelas suas cabeças as sementes de papel.

○ O educador põe uma música suave e as crianças, agachadas, levantam-se pouco a pouco com os braços colados ao corpo: fingem ser sementes que vão crescendo para se tornarem árvores.

○ Em seguida, vão afastando os braços do corpo, levantando-os em seguida: são os ramos.

○ As mãos, até agora fechadas, abrem-se para simular as folhas.

As sementes se transformaram em árvores!

Número de participantes: *Ilimitado.*

Material necessário: *Um jornal, um livro e uma folha escrita.*

Espaço: *Amplo.*

Objetivos didáticos: *Fazer ações que expressem situações do cotidiano.*

○ Os participantes se sentam em semicírculo num extremo do espaço de jogo, atentos às explicações do educador.

○ Este mostra o jornal, o livro e a folha escrita.

○ Em primeiro lugar, abre o jornal e passa folha a folha, fingindo que lê.

○ As crianças o imitam, imaginando que têm nas mãos o jornal e que têm noção das suas dimensões.

Todos lendo o jornal!

○ Em seguida, fazem o mesmo com o livro e, depois, com a folha escrita.

Número de participantes: *Ilimitado.*

Material necessário: *Um pedaço grande de gelo, um recipiente vazio e outro cheio de água quente.*

Espaço: *Dois espaços: um interior e outro exterior.*

Objetivos didáticos: *Imitar um efeito natural mediante uma ação corporal.*

○ Os participantes saem ao espaço exterior e sentam-se no chão formando um círculo.

○ O educador coloca no centro um recipiente com o pedaço de gelo no seu interior e vai derramando água quente para que este derreta.

○ As crianças se levantam e se aproximam do recipiente para observar como, pouco a pouco, o gelo vai desaparecendo, dando lugar à água.

Em seguida, dirigem-se para o espaço interior, dispersando-se por ele, e, dada uma ordem do responsável, imaginam que são um pedaço de gelo, pondo o corpo muito rígido.

○ O educador aproxima-se de cada um e simula que entorna água quente por cima deles.

Derreter!

○ Pouco a pouco, as crianças vão encolhendo, como se derretessem, até ficarem caídas no chão, com o corpo esticado, como se fossem uma poça de água.

Número de participantes: *Ilimitado.*

Material necessário: *Um ventilador e uma mesa.*

Espaço: *Amplo.*

Objetivos didáticos: *Trabalhar a imaginação e o movimento corporal a partir de uma situação concreta.*

○ O educador coloca o ventilador sobre a mesa no extremo do espaço de jogo.

○ Os participantes se posicionam diante do ventilador a um metro de distância, formando uma fila, uns ao lado dos outros.

○ Quando o responsável põe em funcionamento o ventilador, as crianças começam a caminhar de costas, como se o vento do aparelho as empurrasse para trás.

○ Ao chegarem ao extremo contrário, começam a andar para frente, mas com esforço, como se o vento as impedisse de avançar.

Que forte é o vento!

○ É importante que todo o corpo tome consciência da representação e que realizem os movimentos completos.

Número de participantes: *Ilimitado.*

Material necessário: *Elementos para acender uma pequena fogueira.*

Espaço: *Aberto.*

Objetivos didáticos: *Descobrir as possibilidades expressivas do corpo.*

○ Os participantes formam um círculo no espaço exterior.

○ No centro, o educador acende uma pequena fogueira, fazendo com que saia muita fumaça para que as crianças observem como se origina, a sua densidade, os seus movimentos e contorções e como sobe.

Preparados para a fumaça?

○ Dada uma determinada indicação, os participantes imaginam que o seu corpo é fumaça: movem-se, contorcem-se, expandem-se e simulam ter a sensação de que não pesam.

Número de participantes: *Ilimitado.*

Material necessário: *Uma agulha de costura e um carretel de linha.*

Espaço: *Amplo.*

Objetivos didáticos: *Controlar uma determinada ação a partir da observação.*

○ As crianças se sentam no chão do espaço de jogo formando um semicírculo.

○ O educador senta-se diante delas e lhes mostra a agulha e o carretel de linha.

Vamos costurar!

○ Depois, muito lentamente, passa um pedaço de linha pelo orifício da agulha.

○ Em seguida, as crianças imitam-no: fingem pegar com uma mão a agulha e com a outra a linha, e, lentamente, fingem que enfiam a linha na agulha.

42 Um dia de neve

Número de participantes: *Formam-se pares.*

Material necessário: *Uma ilustração de uma paisagem de neve com uma criança brincando com um boneco de neve; luvas, cachecol e gorros.*

Espaço: *Amplo.*

Objetivos didáticos: *Descobrir as possibilidades expressivas e criativas de cada criança a partir da imaginação.*

○ O educador entrega a cada participante um par de luvas, um cachecol e um gorro.

○ Em seguida, pendura na parede a ilustração da paisagem de neve.

○ As crianças formam pares e, dada uma indicação determinada, põem o gorro, o cachecol e as luvas.

Começa a nevar!

○ As crianças imaginam que caem pedaços brancos que vão cobrindo todo o espaço de jogo.

○ Aos pares, simulam que lançam bolas de neve e, depois, que constroem um grande boneco parecido com o da ilustração.

Número de participantes: *Formam-se pares.*

Espaço: *Amplo.*

Objetivos didáticos: *Expressar sensações com o corpo e descobrir as suas possibilidades.*

Que alegres são os reencontros!

○ Dada uma nova indicação, as crianças se despedem com tristeza.

○ As crianças formam pares, ficando os elementos um em frente do outro.

E que tristes são as despedidas!

○ O jogo se repete mudando de par.

○ Ao comando do educador, saúdam-se efusivamente, abraçam-se e beijam-se.

Instrumentos loucos  44

Número de participantes: *Ilimitado.*

Espaço: *Amplo.*

Objetivos didáticos: *Trabalhar a criatividade a partir do movimento e do som.*

○ O educador atribui verbalmente um instrumento a cada participante: tambor, flauta, guitarra, trompete, maracá, xilofone, bateria etc.

João, você vai ser a guitarra! Ana, você vai ser a flauta!

○ Ao comando combinado, cada criança passeia pelo espaço de jogo dando vida, com o seu movimento, ao instrumento invisível, imitando o seu som.

○ Dada uma nova indicação, só se movem os instrumentos referidos pelo responsável: por exemplo, as flautas e os tambores.

○ E assim sucessivamente, até que todos os instrumentos tenham desfilado por grupos.

45. Vestir-se e despir-se

Número de participantes: *Ilimitado.*

Material necessário: *Umas calças, uma camisa, um par de meias e um par de sapatos para cada criança.*

Espaço: *Amplo.*

Objetivos didáticos: *Realizar pequenas ações cotidianas e convertidas depois em imaginárias.*

- Os participantes se sentam num extremo do espaço de jogo, uns ao lado dos outros.

- Diante de cada criança, o educador coloca as peças de roupa dobradas.

- Ao comando combinado, as crianças se levantam e separam as peças.

  Vestir!

- Dada uma nova indicação, despem-se.

  Despir!

- Depois de repetirem três vezes as ações de vestir e despir, entregam as peças de roupa ao responsável.

- Ao sinal seguinte, repetem as ações, mas desta vez sem as peças de roupa, imaginando somente cada peça e cada movimento.

Número de participantes: *Ilimitado.*

Material necessário: *Uma grande caixa embrulhada com papel de presente e um laço enorme.*

Espaço: *Amplo.*

Objetivos didáticos: *Trabalhar a expressão e a imaginação a partir do movimento corporal.*

○ As crianças formam um grande círculo no centro do espaço de jogo.

○ Em determinado momento, o educador ordena que fechem os olhos.

○ Em seguida, coloca no meio do círculo a caixa.

○ Quando abrirem os olhos, os participantes encontram a surpresa.

Um presente!

○ Então, sentam-se no chão conservando o círculo e prestam muita atenção às ações do responsável.

○ Este, pacientemente, desembrulha o presente: primeiro, desfaz o laço, depois, rasga o papel, e, finalmente, abre a caixa.

Mas não tem nada!

○ Em seguida, cada criança imagina que tem também um presente dentro de uma caixa, como a do educador, e finge que a desembrulha imitando as ações que este realizou.

Número de participantes: *Ilimitado.*

Material necessário: *Um esfregão, giz e folhas de papel de cor verde.*

Espaço: *Amplo.*

Objetivos didáticos: *Trabalhar o movimento global do corpo a partir de uma situação imaginária.*

- O educador explica que eles são uns pequenos marinheiros que vão remando no seu barquinho.

- O educador transforma o esfregão numa palmeira colando as folhas de papel no extremo do cabo.

- Em seguida, no centro do espaço de jogo, traça com o giz um círculo médio, que representa uma ilha, e coloca nela a palmeira.

- Os participantes se dispersam pela zona, sem pisar nem entrar no círculo desenhado.

- As crianças, sentadas no chão, fingem que remam movimentando os braços.

- Ao comando combinado, os pequenos marinheiros fingem que os seus braços se afundam e começam a nadar arrastando-se pelo chão até ao círculo.

Têm de nadar até à ilha!

- Quando estiverem todos dentro do círculo, isto é, na ilha, o educador faz sinal para que todos gritem bem forte: "Socorro!"

Número de participantes: *Ilimitado.*

Espaço: *Amplo.*

Objetivos didáticos: *Representar uma ação determinada e as sensações desenvolvidas por intermédio do gesto e da expressão.*

- As crianças se sentam no chão formando um semicírculo.

- O educador se posiciona na frente delas e finge que lhe dói a barriga, colocando as duas mãos em cima dela e encolhendo o corpo.

- Em seguida, faz o mesmo para as diferentes partes do corpo, nomeadamente um dente, um braço, as costas, a cabeça etc., e finge que lhe doem.

- Depois, uma criança se posiciona na frente dos participantes restantes e imita, em silêncio, algumas das ações do educador.

- Os outros companheiros têm de adivinhar o que lhe dói.

O que dói no nosso companheiro?

- O jogo acaba quando todos tiverem fingido ter uma dor em alguma parte do corpo.

Perdidos no deserto

Número de participantes: *Ilimitado.*

Espaço: *Amplo e/ou aberto.*

Objetivos didáticos: *Expressar vivências por intermédio de gestos e do movimento corporal.*

○ O educador conta uma história inventada do deserto, com personagens que andam entre as dunas, extenuadas pelo cansaço e pelo calor, até que finalmente chegam a um oásis cheio de palmeiras e com água fresca.

○ As crianças ouvem atentamente a história e, em seguida, fingem que são elas que andam pelas dunas desérticas.

○ Levantam os pés lentamente e imaginam que, a cada passo, se afundam na areia fina. O trajeto é muito difícil.

○ Continuam caminhando pelo deserto e começam a sentir muito calor. Para se sentirem aliviadas, agitam as mãos para receberem mais ar.

Que calor!

○ Estão tão cansados que se arrastam pelo chão até que o educador grita: "Um oásis!"

○ Levantam-se e correm para um extremo do espaço e fingem beber desesperadamente a água de uma poça.

Número de participantes: *Ilimitado.*

Material necessário: *Três cartões (um vermelho, outro amarelo e outro verde).*

Espaço: *Amplo e/ou aberto.*

Objetivos didáticos: *Expressar-se com o movimento do corpo e desenvolver a simulação.*

○ Os participantes se posicionam num extremo do espaço de jogo.

○ O educador mostra a eles os três cartões e explica o seu significado.

○ O responsável simula ser um semáforo com as suas cores e as crianças são os automóveis. Quando mostra o cartão verde, podem circular, quando mostra o amarelo, começam a parar, e quando mostra o vermelho, devem deixar de circular.

○ As crianças posicionam as mãos de maneira a fingir que entre elas tem um volante imaginário, e dirigem-se para o lado contrário da área.

○ Segundo a cor que o educador mostra às crianças, estas avançam ou param.

Atentos à cor do semáforo!

○ A criança que se engana é penalizada, tendo de reiniciar a marcha.

○ Quando chegam ao outro extremo do espaço, repetem o jogo, mas neste caso é uma criança que se faz de semáforo.

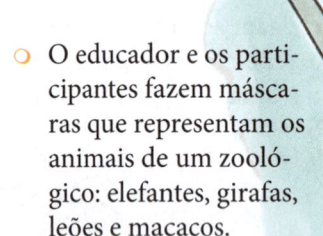

51 Visita ao zoológico

Número de participantes: *Formam-se cinco grupos.*

Material necessário: *Cartolinas para fazer máscaras, lápis de cor para pintá-las e fita adesiva.*

Espaço: *Amplo.*

Objetivos didáticos: *Desenvolver o movimento global do corpo e a sua expressão e trabalhar a representação.*

- O educador e os participantes fazem máscaras que representam os animais de um zoológico: elefantes, girafas, leões e macacos.

- Assim que terminarem as máscaras, formam-se quatro grupos, cada um dos quais correspondente a um animal.

- O educador, com a fita adesiva, divide o espaço de jogo em cinco partes: em quatro delas habitam os quatro grupos de animais e a restante corresponde à entrada do zoológico.

- As crianças sem máscara são os visitantes.

- Quando passam em frente dos elefantes, estes, de pé, levantam um braço como se fosse o movimento da tromba.

- Se se tratar de girafas, estas se colocam nas pontas dos pés, com o pescoço muito esticado e os braços ao alto.

- Se passeiam em frente aos leões, estes se colocam nas quatro patas e rugem.

- E quando estão em frente aos macacos, estes andam agachados, com os braços pendurados, saltando e dando voltinhas no chão.

- Para finalizar, repete-se o jogo, mas mudando os grupos, a fim de que todas as crianças possam imitar um animal deste zoológico.

Que visita mais divertida!

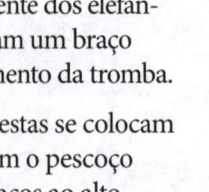

A gaiola dos pássaros

Número de participantes: *Ilimitado.*

Material necessário: *Fita adesiva e música alegre.*

Espaço: *Amplo.*

Objetivos didáticos: *Desenvolver a capacidade motriz a partir do domínio do corpo.*

○ O educador traça com a fita adesiva um quadrado de 3 x 3 metros no centro do espaço de jogo.

○ As crianças se posicionam dentro do quadrado, atentas às indicações que lhes vai dando.

○ Os participantes fingem que são passarinhos fechados em uma gaiola.

○ Quando o responsável põe a música, a gaiola imaginária se abre e as crianças-passarinhos saem voando, balançando os braços.

Voando, voando!

○ Quando a música acaba, os passarinhos voltam para a sua gaiola e fingem dormir, escondendo a cabeça entre os braços cruzados.

53 Caem as folhas

Número de participantes: *Ilimitado.*

Material necessário: *Folhas de árvore.*

Espaço: *Amplo.*

Objetivos didáticos: *Trabalhar a capacidade motriz e desenvolver a observação.*

- O educador e os participantes saem para o espaço exterior e cada um apanha do chão um par de folhas.

- Em seguida, voltam ao interior, formam um círculo e lançam as folhas ao ar para observarem como caem.

Que devagar caem as folhas!

- Em seguida, as crianças fingem ser folhas e, dado um sinal do educador, agacham-se, balançando os braços e o resto do corpo e, lentamente, vão caindo no chão.

- A ação se repete várias vezes: finalmente, as crianças dão as mãos fechando um círculo, simulando uma roda gigante, e, sem se soltarem, agacham-se balançando até caírem no chão e ficarem deitadas.

54 Pobres borboletas!

Número de participantes: *Formam-se grupos de seis crianças.*

Espaço: *Amplo.*

Objetivos didáticos: *Desenvolver a capacidade motriz e trabalhar a imaginação.*

- As crianças formam grupos e se sentam num extremo do espaço do jogo.

- Uma equipe levanta-se e simula passear no campo. De repente, fingem que aparecem voando muitas borboletas.

- Cada participante, com as mãos, captura cuidadosamente uma e junta as palmas formando com elas um buraquinho.

Cuidado para não machucar as borboletas!

- Em seguida, as crianças dirigem-se a outro grupo e entregam uma borboleta a cada concorrente. Estes também a agarram com cuidado para não feri-la.

- Os que têm agora a borboleta se levantam e passeiam pelo campo, abrindo as palmas das mãos para deixá-las voar em liberdade.

- O jogo se repete até que todas as crianças tenham fingido ter as borboletas nas mãos.

Número de participantes: *Formam-se grupos de seis crianças.*

Material necessário: *Máscaras ou elementos que caracterizem diversas personagens (pirata, bailarino, urso, soldado, velhinha e palhaço), música divertida e caixas grandes de cartão.*

Espaço: *Amplo.*

Objetivos didáticos: *Desenvolver a expressividade global a partir da caracterização de personagens.*

○ Formam-se equipes de seis crianças.

○ A um dos grupos, entregam-se as máscaras ou elementos de caracterização.

○ Uma vez mascarada, cada criança se esconde dentro de uma caixa.

○ Ao soar a música, estas se abrem e, sem saírem delas, as crianças se movem imitando a personagem que representam.

○ O pirata finge estar lutando, o bailarino move os braços para o alto, o urso grunhe e enruga a cara, o soldado repete uma saudação marcial, a velhinha tece e o palhaço ri.

Cada personagem faz o que lhe compete!

○ O jogo acaba quando todas as crianças tiverem interpretado um personagem.

56 A geladeira

Número de participantes: *Ilimitado.*

Material necessário: *Uma cesta de compras com alface, uma caixa de ovos e uma garrafa de leite, e uma fotografia de uma geladeira cheia de comida.*

Espaço: *Amplo.*

Objetivos didáticos: *Representar ações cotidianas a partir da imaginação e da observação.*

○ O educador pendura numa das paredes do espaço de jogo uma fotografia de uma geladeira aberta e cheia de comida.

○ As crianças se sentam no chão, em semicírculo, atentas às explicações do responsável.

○ Este coloca diante delas a cesta com a alface, a caixa de ovos e a garrafa de leite.

○ Os participantes se levantam e se espalham pelo espaço. Depois, simulam ter uma geladeira diante de cada um.

Agora, enchendo as geladeiras imaginárias!

○ Em seguida, abrem a geladeira imaginária e vão enchendo com alimentos também fictícios.

Cuidado com os ovos, para não se quebrarem!

○ As crianças atuam como se tivessem deixado cair um ovo no chão.

Número de participantes: *Ilimitado.*

Material necessário: *Uma bola.*

Espaço: *Amplo.*

Objetivos didáticos: *Trabalhar os sentimentos a partir de ações e de movimentos corporais.*

○ As crianças sentam-se no chão formando um círculo no centro do espaço de jogo.

○ Ao comando do educador, levantam-se e começam a andar pela zona com ar aborrecido, os braços caídos, a cabeça baixa e sem rumo fixo.

Que aborrecimento!

○ Dada uma nova indicação, voltam a se sentar no chão como no início.

○ De repente, a partir do centro do círculo, o responsável lança ao ar uma bola. As crianças, que ainda fingem estar aborrecidas, levantam-se, e uma delas tenta agarrar a bola.

○ A que conseguiu a bola atua como se estivesse muito contente, enquanto as outras voltam a se sentar aborrecidas.

○ Agora é a criança que tem a bola que a lança ao ar e o jogo se repete. E assim sucessivamente, até que todas tenham simulado estar contentes.

58 O escalador

Número de participantes: *Ilimitado.*

Material necessário: *Uma fotografia de um escalador subindo uma montanha.*

Espaço: *Amplo e/ou aberto.*

Objetivos didáticos: *Exercitar o movimento corporal a partir de uma representação e trabalhar a imaginação.*

- O educador mostra aos participantes a fotografia do escalador e lhes explica as dificuldades que esta aventura apresenta.

- As crianças se dispersam pelo espaço de jogo.

- Ao comando combinado, imaginam que têm diante delas uma montanha gelada e que são o escalador da fotografia.

- De maneira sincronizada, começam a mover o corpo para começarem a subir ao cume: primeiro, separam um braço e a perna contrária, e, em seguida, os outros dois membros: completam o movimento fingindo que se agarram às rochas da montanha.

Escalar até lá em cima!

- Assim continuam a subir até chegar a um local onde descansam, sentam-se e fingem comer e beber.

- Começam novamente a escalada, cada vez com maior dificuldade e lentidão.

- Dada uma nova indicação, imaginam que estão chegando ao cume e todos gritam ao mesmo tempo: "O topo!"

Número de participantes: *Ilimitado.*

Espaço: *Amplo.*

Objetivos didáticos: *Exercitar a expressividade por intermédio do gesto e do som.*

- Forma-se um grande semicírculo com todos os participantes.

- O educador aproxima-se de um deles e, sussurrando-lhe ao ouvido, diz-lhe que animal vai ser; por exemplo, um leão.

- Os outros se sentam no chão.

- A criança escolhida se posiciona de frente para os companheiros e imita o animal com gestos e sons.

Quem sabe de que animal se trata?

- Os restantes têm de adivinhar qual o animal que foi representado.

- O jogo termina quando todos tiverem imitado o animal que o responsável lhes sussurrou ao ouvido.

As profissões 60

Número de participantes: *Ilimitado.*

Material necessário: *Fotografias e ilustrações de diferentes profissões e das suas ferramentas.*

Espaço: *Amplo.*

Objetivos didáticos: *Trabalhar a expressividade por meio do gesto e do som.*

- As crianças se sentam no chão formando um semicírculo.

- Uma atrás da outra, simulam desenvolver a atividade da fotografia que o responsável lhes indica e o ruído das ferramentas que utilizam.

Que profissão estamos representando?

- O educador mostra as ilustrações e explica as diferentes profissões e ferramentas que aparecem nelas: lenhador, machado; cozinheiro, panela; alfaiate, tesoura; pintor, pincéis; músico, guitarra.

- O jogo finaliza quando todos tiverem imitado uma das profissões.

61. O encantador de serpentes

Número de participantes: *Formam-se pares.*

Material necessário: *Uma caixa grande de papelão, um turbante, uma flauta de brinquedo por par e música de flauta.*

Espaço: *Amplo.*

Objetivos didáticos: *Trabalhar personagens fictícias e o seu movimento a partir da representação.*

○ Formam-se pares e se dispersam pelo espaço de jogo.

○ O educador lhes entrega uma caixa de papelão, um turbante e uma flauta de brinquedo.

○ Em seguida, os elementos de cada par escolhem a personagem que vão interpretar: um será a serpente e o outro o encantador de serpentes.

○ A criança que simula ser a serpente se posiciona dentro da caixa.

○ A outra põe o turbante e começa a tocar flauta.

○ Quando a música soa, os encantadores de serpentes imitam o som da flauta movendo os dedos alternadamente.

○ Ao mesmo tempo, o que está escondido dentro da caixa vai se levantando lentamente, seguindo, com um movimento sinuoso do corpo, a melodia.

Vamos ver essas serpentes encantadas!

○ Os pares trocam os personagens e o jogo continua.

Número de participantes: *Ilimitado.*

Material necessário: *Uma bandeja com um caramelo por participante.*

Espaço: *Amplo.*

Objetivos didáticos: *Exercer a expressividade do corpo com movimentos limitados.*

○ O educador coloca a bandeja cheia de caramelos num extremo do espaço de jogo.

○ Os participantes formam uma fila, uns ao lado dos outros, no extremo contrário.

○ As crianças simulam que são bebês que ainda não sabem andar e se sentam no chão.

○ Ao comando combinado, muito lentamente, tentam se colocar de pé e não conseguem.

Os bebês aprendem a andar!

○ Em seguida, dirigem-se para o outro lado da área alternando a forma de se movimentarem: primeiro, arrastam--se; depois, com os pés e as mãos no chão e, em seguida, sentados.

○ Assim que têm a guloseima na mão, continuam a atuar como se fossem crianças pequenas, desembrulhando-a lentamente e metendo-a na boca.

Festa de brinquedos

Número de participantes: *Ilimitado.*

Material necessário: *Cada participante deve trazer um brinquedo que funcione a pilhas ou corda.*

Espaço: *Amplo.*

Objetivos didáticos: *Trabalhar o corpo e os sons na representação de objetos.*

○ Os participantes se sentam no chão formando um grande círculo e cada um mostra o brinquedo aos outros, ao mesmo tempo em que prestam muita atenção ao seu movimento.

○ Em seguida, guardam-se os brinquedos num canto do espaço e as crianças se dispersam. A uma indicação combinada, param e ficam quietas como estátuas.

○ O educador passeia entre os participantes e, quando toca num deles, a criança começa a se mover imitando o movimento e o som do seu brinquedo.

○ E assim sucessivamente lhes vai tocando até que todos estejam em movimento imitando simultaneamente o seu brinquedo.

○ O jogo acaba fingindo-se que a corda ou as pilhas se esgotaram, movendo-se o brinquedo cada vez mais lentamente, até parar.

Que pena, estes brinquedos já não funcionam mais!

Número de participantes: *Ilimitado.*

Material necessário: *Uma bengala.*

Espaço: *Amplo e/ou aberto.*

Objetivos didáticos: *Trabalhar a imaginação e dar vida a objetos a partir de gestos.*

○ Os participantes se sentam no chão formando um grande círculo.

○ O educador mostra a bengala e explica que ela pode se transformar em outro tipo de objeto segundo a função que lhe seja dada.

Pode ser uma vara de pesca, se for colocada assim!

○ Uma a uma, cada criança coloca a bengala na mão e inventa uma ação para lhe dar uma nova utilidade.

Um retrato de família

65

Número de participantes: *Formam-se grupos de seis crianças.*

Material necessário: *Objetos para se caracterizarem de pai, mãe, filho, filha, avó e cão.*

Espaço: *Amplo.*

Objetivos didáticos: *Analisar os gestos das personagens a partir da sua imitação.*

○ O educador distribui os objetos de caracterização a um dos grupos.

○ As crianças se caracterizam para encarnar toda a família: um pai, uma mãe, um filho, uma filha, uma avó e um cão.

○ Em seguida, dispersam-se pela área de jogo e dão vida às personagens que representam.

○ Num determinado momento, o responsável avisa que vai tirar uma fotografia de toda a família.

Atenção, retrato de família!

○ Todos correm para o extremo do espaço de jogo, adotando uma posição característica, e ficam muito quietos.

○ O responsável finge que tira a fotografia.

○ Acaba o jogo quando todos os grupos tiverem feito o retrato de família.

Massagistas incansáveis

Número de participantes: *Ilimitado.*

Material necessário: *Uma bandeirinha.*

Espaço: *Exterior.*

Objetivos didáticos: *Trabalhar o movimento corporal, a comunicação e a organização entre as crianças através da representação.*

- Organiza-se toda a classe em grupos.

- As crianças de um grupo são os atletas e as do outro, os massagistas.

- Os atletas se posicionam numa fila, uns ao lado dos outros, num extremo do espaço de jogo. Os massagistas se posicionam no outro extremo e esperam a chegada dos atletas.

- O educador dá a largada baixando a bandeirinha.

Preparados! Prontos! Agora!

- Os atletas, de joelhos, levantam-se e correm o mais rápido possível para o extremo contrário.

- Ao chegarem, os massagistas começam a fazer-lhes massagens nas pernas, nos braços e no tórax.

- Os grupos trocam de funções e repetem as mesmas ações.

Morrer de rir e chorar

Número de participantes: *Ilimitado.*

Material necessário: *Um lenço de bolso por criança.*

Espaço: *Amplo.*

Objetivos didáticos: *Exercitar as habilidades expressivas a partir do trabalho dos sentimentos.*

○ Os participantes formam um círculo no centro do espaço do jogo e ficam atentos às indicações do educador.

○ Quando este der a ordem, as crianças começam a rir e tentam chegar à gargalhada, contorcendo-se.

Rir!

○ Depois, fingem que caem ao chão, cansadas de tanto rir.

○ Em seguida, o educador entrega um lenço a cada uma.

○ Então, dá o sinal de chorar. As crianças fingem que estão muito tristes, e, por isso, choram e choram até ficarem cansadas.

Chorar!

○ Secam as lágrimas com o lenço, limpam a cara e finalmente assoam o nariz.

○ O jogo continua, repetindo-se várias vezes a passagem do riso ao pranto.

68 Caras neutras

Número de participantes: *Ilimitado.*

Material necessário: *Uma máscara neutra por participante.*

Espaço: *Amplo e com um grande espelho.*

Objetivos didáticos: *Experimentar a expressividade da cara a partir dos sentimentos.*

- Os participantes formam uma grande fila, uns ao lado dos outros.

- Um a um, posicionam-se diante do espelho, observam a cara e fazem caretas.

- O educador entrega a cada um uma máscara neutra.

- Ao colocá-la, as crianças perdem toda a expressividade.

- O responsável vai dando diversas ordens que as crianças cumprem. Estas tiram a máscara, realizam a ação e voltam a colocá-la.

Cara de alegria! Cara de tristeza! Cara de travessura! Cara de medo!

Número de participantes: *Ilimitado.*

Material necessário: *Um limão, sal, açúcar e mel.*

Espaço: *Amplo.*

Objetivos didáticos: *Trabalhar a expressão facial e gestual a partir do sentido gustativo.*

○ As crianças sentam-se no chão formando um grande círculo.

○ O educador dá-lhes alimentos para provarem.

○ Primeiro, oferece-lhes um pedacinho de limão e cada uma observa-se a si própria para ver que reação lhe produz, quer gustativa quer fisicamente.

○ Em seguida, saboreiam o sal, o açúcar e o mel.

○ Repetem as mesmas ações, mas agora só fingem que provam os diferentes sabores.

○ A acidez do limão provoca um estremecimento do corpo, o sal uma recusa e caretas, o açúcar uma sensação agradável, e o mel um extremo prazer.

Qual o sabor de que mais gostamos?

Bem-me-quer, mal-me-quer...

Número de participantes: *Ilimitado.*

Material necessário: *Uma flor (se possível uma margarida).*

Espaço: *Amplo.*

Objetivos didáticos: *Trabalhar o gesto e a expressividade do sentimento a partir de um jogo dramatizado.*

- As crianças sentam-se num extremo do espaço de jogo, prestando atenção às explicações do educador.

- Este lhes mostra a margarida e lhes conta uma pequena história de amor: "Dois namorados se amam, mas não sabem se cada um é correspondido pelo outro. Encontram uma flor e acreditam que ela pode desvendar a sua grande dúvida".

- O responsável vai desfolhando as pétalas da margarida enquanto diz: "Bem-me-quer, mal-me-quer...", e assim sucessivamente, até que fica só uma.

- Se a última pétala coincidir com "bem-me-quer", o educador salta de alegria; mas se coincidir com "mal-me-quer", este chora desesperadamente.

- Em seguida, as crianças levantam-se, fingem que passeiam pelo campo e que encontram uma flor. Depois, fazem as mesmas operações que fez o educador, acompanhadas dos gestos correspondentes.

Quer-te bem ou não te quer?

Número de participantes: *Ilimitado.*

Material necessário: *Três ilustrações: uma gruta, um rio e uma abelha.*

Espaço: *Amplo e/ou aberto.*

Objetivos didáticos: *Trabalhar a expressividade corporal e a imaginação a partir de um jogo dramatizado.*

○ As crianças se dispersam pelo espaço de jogo e agem como se passeassem no campo.

○ Caminham alegremente, tentando não se chocar com nenhum companheiro.

○ O educador mostra uma ilustração, como, por exemplo, a da abelha.

Cuidado, uma abelha!

○ Nesse instante, todos imaginam que uma abelha os está picando, tentam afastá-la com as mãos e fogem dela.

○ O responsável mostra a ilustração da gruta e as crianças fingem se esconder nela.

○ Em seguida, o educador lhes mostra a ilustração do rio.

○ Saem da gruta e se imaginam atravessando o rio por uma ponte, mas esta se parte e caem na água.

○ Então, nadam desesperadamente contra a corrente para poderem alcançar a margem.

Nadar!

Mamãe-pássaro, comida

Número de participantes: *Formam-se pares.*

Material necessário: *Um arco e um lápis por par.*

Espaço: *Amplo.*

Objetivos didáticos: *Interpretar personagens e os seus movimentos corporais a partir da dramatização.*

- Formam-se os pares e dispersam-se pela área de jogo.

- O educador entrega a cada par um arco e um lápis.

- O arco representa um ninho e o lápis um verme.

- Um elemento do par encarna a personagem de mamãe-pássaro, enquanto o outro se posiciona dentro do arco e finge ser um bebê-pássaro.

- Ao comando combinado, espalham-se os lápis pela área.

- Em seguida, as crias começam a piar no ninho, porque têm fome.

- As crianças que fingem ser mamães-pássaro estendem os braços e imaginam que voam à procura de comida.

As mamães-pássaro devem cuidar dos seus filhotes!

- Depressa encontram um lápis, isto é, uma minhoca, e rapidamente o levam ao passarinho faminto que espera piando no ninho.

- O jogo acaba quando todos tiverem trocado de papéis com o seu par na dramatização.

Número de participantes: *Formam-se pares.*

Material necessário: *Uma vassoura e um chapéu de bruxa.*

Espaço: *Amplo.*

Objetivos didáticos: *Trabalhar a imaginação e o gesto a partir de uma dramatização.*

○ Formam-se os pares e se posicionam num extremo do espaço de jogo.

○ Um elemento de cada um dos pares coloca o chapéu de bruxa e monta na vassoura, imaginando que voa.

○ O outro começa a correr pelo espaço porque a bruxa o persegue.

○ Ao comando do educador, a bruxa agarra o que está correndo e leva-o para o extremo contrário, onde lhe faz um encantamento com gestos exagerados e palavras inventadas, como, por exemplo: "Patati, patatá, em sapo se transformará!"

○ A criança encantada finge transformar-se em sapo e, saltando como faz este animal, foge da bruxa.

○ Todos os pares vão simulando as mesmas ações, mas tentando mudar as palavras do encantamento e o animal imaginado.

Cada bruxa deve fazer uma bruxaria diferente!

Viva a imaginação!

Número de participantes: *Formam-se grupos de seis crianças.*

Material necessário: *Um baú com vestuário e elementos de caracterização e uma venda para tapar os olhos.*

Espaço: *Amplo.*

Objetivos didáticos: *Trabalhar a imaginação e a expressividade gestual a partir de elementos de caracterização.*

○ O educador coloca o baú no centro do espaço do jogo.

○ Formam-se grupos de seis elementos.

○ Um membro de cada grupo dirige-se ao baú e, com os olhos vendados, escolhe um objeto ao acaso.

○ Em seguida, volta para junto da sua equipe, sentam-se todos no chão e, a partir do elemento de caracterização obtido, inventam uma pequena história (consoante à idade dos participantes, o educador pode ajudar), que em seguida representam perante os companheiros restantes, utilizando apenas a mímica.

○ Acabada a representação, os diferentes grupos explicam o que ouviram.

Devemos usar a imaginação!

○ Um grupo seguido do outro, todos representam a sua pequena história aos outros colegas.

Número de participantes: *Ilimitado.*

Material necessário: *Uma bengala, uma barba e um nariz de palhaço.*

Espaço: *Amplo.*

Objetivos didáticos: *Imitar os gestos e a expressividade de uma personagem por intermédio da observação.*

○ As crianças sentam-se num extremo do espaço de jogo, prestando atenção às palavras do educador.

○ Este se posiciona diante delas e lhes diz que gravem bem os seus gestos, porque depois, uma a uma, deverão imitá-lo.

○ Em primeiro lugar, o educador comporta-se como é e caminha pelo espaço de jogo.

Tem de fixar bem todos os pormenores!

○ Em seguida, as crianças, uma por vez, levantam-se e o imitam.

○ Em seguida, o responsável coloca o nariz de palhaço e se comporta como tal.

○ Os participantes o copiam então, novamente.

○ Finalmente, o educador põe a barba e, apoiando-se na bengala, finge ser um velhote.

○ Um a um, atuam como o velhote.

○ O jogo continua de maneira a que cada criança, seguindo uma ordem, repita seguidas todas as ações que o responsável realizou, e, em seguida, ela própria será imitada pelos seus companheiros.

Sketch

O bosque encantado

Esta pequena peça representa a história de um bosque e dos seus animais. A cenografia necessária consta de umas árvores e uns matagais feitos com papelão e pintados com cores alegres. Os protagonistas são os passarinhos, os caracóis, os sapos, as borboletas e uma fada, que será a narradora da ação, e o guarda-roupa pode ser confeccionado em papel colorido.

A fada posiciona-se num extremo da parte da frente do cenário para poder se dirigir ao público sem interferir na atuação dos demais companheiros: "Há muito, muito tempo, existia um lindo bosque que perdeu a alegria devido a uma terrível maldição, e com ele, os seus habitantes (os passarinhos, os caracóis, os sapos e as borboletas) perderam também as suas habilidades".

Cada vez que nomeia um destes animais, quem o personifica deve avançar e mostrar os seus males: os passarinhos mostram ao público que podem agitar as asas, mas que já não conseguem cantar (movem a boca, abrindo-a

e fechando-a, mas não sai nenhum som); os sapos saem a caminhar e mostram que já não conseguem saltar; as borboletas demonstram que já não conseguem agitar as suas lindas asas e, por último, os caracóis mostram que já não conseguem se esconder na sua bonita carapaça.

A fada continua a explicar esta fantástica história: "[...] Um dia, o grande bosque me chamou e, muito triste, contou-me o terrível acontecimento. Sem pensar duas vezes, decidi ajudar estes animais e devolver a alegria àquele bosque encantado".

A fada dirige-se aos animais, que estão de mãos dadas formando uma fila, uns ao lado dos outros, e com a sua varinha mágica toca a parte doente do corpo de cada um. De repente, todos os animais recuperam as suas habilidades.

Assim acaba a história e todas as personagens saúdam o público alegremente.

Quadro de idades

Jogo	Página	3 anos	4 anos	5 anos	6 anos
Marionetes aprendizes	10				O
Onde me toca?	11			O	
Saudação internacional	12				O
Mãos expressivas	13	O			
Autorretrato	14		O		
Caretas	15			O	
Baile de máscaras	16				O
O bochechudo	17	O			
A pena	17				O
Morde a maçã	18		O		
Nas pontas dos pés	19			O	
Rotação espacial	20				O
O gato vaidoso	21	O			
Ai, acho que vou desmaiar!	22			O	
Vire-se!	23		O		
Salto de obstáculos	24				O
O caranguejo e a serpente	25			O	
Sala de baile	26	O			
O leque	27		O		
A fada	28				O
Apanhados!	29			O	
O pequeno tonel	30				O
A dança do ar	31		O		
Que lindo é o Havaí!	31	O			
Círculos imaginários	32			O	
O maestro louco	33				O
De costas para o círculo!	34		O		
Saltar a corda	35			O	
Quem ganhará?	36				O
Robôs ordenados	37	O			
Força, pés!	38		O		
Corrida rolada	39		O		
Um grande presente	40				O
O maremoto	41		O		
Socorro!	42				O
As árvores crescem	44	O			
Passa a página	45		O		
Iceberg	46			O	
O ventilador	47				O
A fumaça	48			O	
Linha e agulha	49	O			

Jogo	Página	3 anos	4 anos	5 anos	6 anos
Um dia de neve	50	O			
Olá e adeus	51				O
Instrumentos loucos	51	O			
Vestir-se e despir-se	52			O	
Um presente muito especial	53				O
Os náufragos	54		O		
O que se passa comigo, doutor?	55	O			
Perdidos no deserto	56				O
O castigo	57			O	
Visita o zoológico	58	O			
A gaiola dos pássaros	59		O		
Caem as folhas	60	O			
Pobres borboletas!	60				O
Bonecos surpresa	61			O	
A geladeira	62				O
A criança triste	63			O	
O escalador	64				O
De que animal se trata?	65	O			
As profissões	65		O		
O encantador de serpentes	66				O
Aprender a andar	67				O
Festa de brinquedos	68		O		
É uma bengala! Mas pode ser...	69			O	
Um retrato de família	69		O		
Massagistas incansáveis	70	O			
Morrer de rir e chorar	71				O
Caras neutras	72		O		
Sabores	73	O			
Bem-me-quer, mal-me-quer	74				O
Uma viagem acidentada	75		O		
Mamãe-pássaro, comida!	76			O	
As bruxas	77				O
Viva a imaginação!	78				O
Um educador muito especial	79		O		

As idades indicadas neste quadro são meramente orientadoras. O educador poderá adequar cada jogo segundo a maturidade e preparação das crianças participantes.

CULTURAL

Administração
Antropologia
Biografias
Comunicação
Dinâmicas e Jogos
Ecologia e Meio Ambiente
Educação e Pedagogia
Filosofia
História
Letras e Literatura
Obras de referência
Política
Psicologia
Saúde e Nutrição
Serviço Social e Trabalho
Sociologia

CATEQUÉTICO PASTORAL

Catequese
Geral
Crisma
Primeira Eucaristia

Pastoral
Geral
Sacramental
Familiar
Social
Ensino Religioso Escolar

TEOLÓGICO ESPIRITUAL

Biografias
Devocionários
Espiritualidade e Mística
Espiritualidade Mariana
Franciscanismo
Autoconhecimento
Liturgia
Obras de referência
Sagrada Escritura e Livros Apócrifos

Teologia
Bíblica
Histórica
Prática
Sistemática

VOZES NOBILIS

Uma linha editorial especial, com importantes autores, alto valor agregado e qualidade superior.

REVISTAS

Concilium
Estudos Bíblicos
Grande Sinal
REB (Revista Eclesiástica Brasileira)

VOZES DE BOLSO

Obras clássicas de Ciências Humanas em formato de bolso.

PRODUTOS SAZONAIS

Folhinha do Sagrado Coração de Jesus
Calendário de mesa do Sagrado Coração de Jesus
Almanaque Santo Antônio
Agendinha
Diário Vozes
Meditações para o dia a dia
Encontro diário com Deus
Guia Litúrgico

CADASTRE-SE
www.vozes.com.br

EDITORA VOZES LTDA.
Rua Frei Luís, 100 – Centro – Cep 25689-900 – Petrópolis, RJ
Tel.: (24) 2233-9000 – Fax: (24) 2231-4676 – E-mail: vendas@vozes.com.br

UNIDADES NO BRASIL: Belo Horizonte, MG – Brasília, DF – Campinas, SP – Cuiabá, MT
Curitiba, PR – Fortaleza, CE – Juiz de Fora, MG – Petrópolis, RJ – Recife, PE – São Paulo, SP